La Vie au-delà de la vie

Du même auteur

Ce que nous avons vu, nous vous l'annonçons, éditions Salvator, 1976.

Franciscains (pour la coordination des diverses contributions), éditions du Cerf, 1981.

La voie franciscaine, Desclée de Brouwer, 1983, 2e éd. 1989.

Elle court, elle court la prière. En train, bus, métro, voiture, Le Chalet, 1985.

Prier les Paraboles, Desclée de Brouwer, 1988.

Prier les Sacrements, Desclée de Brouwer, 1991.

Les chemins du silence, Desclée de Brouwer, 1991.

Pardonner, oui ou non ? Desclée de Brouwer, 1992.

Christ, notre bonheur, Desclée de Brouwer, 1993.

Vivre, avec soi-même, avec les autres et avec Dieu, Desclée de Brouwer, 1993.

Michel Hubaut

La Vie au-delà de la vie

Un autre regard sur la mort

DESCLÉE DE BROUWER

76 *bis*, rue des Saints-Pères, 75007 Paris
ISBN : 2-220-03494-1

Un monde en quête d'avenir
Le retour en force de l'Au-delà

Le paradoxe de l'homme moderne

Un premier constat s'impose : une forte proportion de nos contemporains estime que la mort débouche sur le néant et en même temps le questionnement sur l'au-delà atteint de nos jours une nouvelle actualité. Paradoxe de l'homme moderne.

Ainsi 42 % des Français estiment que la mort est la fin absolue, la disparition du corps et de l'esprit ; 45 % pensent qu'elle est un passage vers « autre chose[1] ».

Et, plus inattendu, ce clivage ne recoupe pas nécessairement les catégories des croyants et des incroyants, puisque 38 % de ceux qui se disent « catholiques » estiment que la mort est la fin de tout et que 29 % des athées croient en une forme de vie après la mort !

Quant aux représentations de l'au-delà, plus de 61 % reconnaissent n'en avoir aucune idée. A peine 17 % des Français croient encore en la résurrection, et même plus surprenant 44 % seulement des pratiquants réguliers et 19 %

1. Cf. sondage *Panorama*/CSA paru dans la revue *Panorama* de novembre 1993.

des pratiquants irréguliers y croient encore ! Enfin 10 % de la population croient en la réincarnation.

Nous assistons aussi à une certaine déconnexion entre vie présente et l'au-delà : 52 % seulement de personnes interrogées voient encore un lien entre les actes de leur vie terrestre et leur destinée future.

L'au-delà continue, néanmoins, d'interroger, de fasciner ou même d'angoisser beaucoup de nos contemporains. Ainsi 46 % d'entre eux estiment que les expériences de ceux qui se sont approchés de la mort doivent être prises au sérieux et 42 % pensent qu'il existe un lien entre les vivants et les morts. Ce qui explique le succès de toute une littérature spécialisée en ce domaine.

L'homme dit « sécularisé » a cru quelque temps qu'il pouvait se passer de l'hypothèse « Dieu » et de toute perspective de vie éternelle. La grandeur de son engagement au service d'un idéal humanitaire ne devait-il pas suffire pour être pleinement homme et lui donner le bonheur ?

Albert Camus écrivait dans ses *Carnets* en 1943 : *L'homme ne se réalise que dans l'amour agissant. Il doit lutter plutôt que de se mettre à genoux... Venir à Dieu parce qu'on est dépris de la terre est vain. Je veux aller à l'Être mais pas par un chemin qui m'écarte des hommes. Trouver alors un bonheur provisoire, mais vrai !* Il faut, écrivait-il encore, *reprendre l'amour à ceux qui le travestissent en image d'éternité.*

Réaction légitime à une époque où la croyance en l'au-delà a parfois détourné l'homme du combat quotidien pour faire triompher l'amour. Pourtant l'interrogation sur l'au-delà et le sérieux de l'engagement humain ne s'opposent pas systématiquement, au contraire. L'enjeu du destin futur de l'homme après sa mort peut donner une densité nouvelle à son présent. « L'homme révolté » par l'absurdité de la mort n'est pas nécessairement contraint de vivre comme un « étranger » en ce monde.

Croyant ou athée, rationaliste ou mystique, l'homme du XXe siècle demeure habité par « la » question, refoulée ou obsédante, qui hante l'homme depuis la haute antiquité :

Qu'y a-t-il après la mort ? Le néant ou une autre vie et sous quelle forme ? La mort n'a-t-elle pas largement contribué à la naissance et à l'essor de la philosophie et des religions ?

Tout être vivant est mortel mais l'homme est la seule créature qui sait qu'il doit mourir. C'est sa grandeur et son tourment. « Le problème n'est pas qu'il faut mourir, disait André Malraux, mais que je vais mourir. »

Si certains prétendent regarder sereinement la mort comme un processus normal de dégradation biologique, la plupart des hommes n'acceptent pas de réduire l'homme à une simple usine bio-chimique perfectionnée et vouée au néant.

Depuis toujours le questionnement de l'homme s'est heurté à ce mur de la mort qui bouche son horizon et projette sur tous les domaines de sa vie, amour, œuvre, projet, santé, plaisir, l'ombre tragique de l'éphémère, du provisoire... Est-il possible de donner un « sens » à notre vie présente si tout s'achève par le néant qui la rend « insignifiante » ?

L'homme est habité par un désir impérieux de « durer » dans sa vie et dans ses amours. La perspective d'une vie brutalement tronquée, inaccomplie est un scandale inacceptable. Tant de richesses de cœur et d'esprit englouties à jamais !

Notre société moderne, qui a reculé l'échéance de la mort, ne sait plus comment intégrer cette « intruse » qui résiste à sa technique. On tente de la marginaliser, de la banaliser, on feint de s'en désintéresser alors qu'elle est omniprésente.

La difficulté s'accroît du fait que la plupart de nos contemporains ont perdu la mémoire de la tradition chrétienne. A leur décharge, il faut reconnaître que le discours chrétien, hier accusé de « fuir le monde » pour se réfugier dans les consolations du « ciel », est aujourd'hui assez discret sur tout ce qui concerne l'au-delà. Il faut peut-être aussi y ajouter le rejet de toute une imagerie de terreur, entretenue par une « pastorale de la peur » développée au cours des siècles antérieurs pour stimuler la vie morale.

Ayant ainsi vidé l'au-delà de tous ses vieux clichés jugés

archaïques, nos contemporains demeurent avec leurs questions devant un vide immense. Il ne leur reste plus alors qu'à se tourner vers l'astrologie, la magie, les sectes ésotériques qui exploitent allégrement leurs questions sans réponses.

En fait, toutes les cultures et toutes les religions ont cherché à déchiffrer l'énigme de l'au-delà et certaines de leurs intuitions ne manquaient pas de grandeur. La manière de « vivre » la mort et de concevoir l'au-delà sont souvent de bons indices pour discerner l'idée que l'homme se fait de lui-même.

Dans la première partie de ce livre, nous évoquerons quelques-unes de ces approches tâtonnantes du mystère de l'au-delà chez les plus anciennes civilisations. Tantôt désespérées ou résignées devant la tragique fatalité de la mort, tantôt animées du simple espoir de sur-vivre ou convaincues de l'immortalité de l'homme.

Pourquoi l'espérance chrétienne est-elle si peu attrayante ?

Un autre constat s'impose : le discours chrétien sur la vie future semble avoir perdu son impact. Cette perte de crédit est-elle due à une inadéquation culturelle ou à un rejet plus profond ? La conception de l'au-delà des chrétiens a-t-elle fait son temps, comme tant d'autres hypothèses antérieures, pour laisser la place à une nouvelle vision plus scientifique ? De toute évidence ce phénomène massif est un immense défi lancé aux chrétiens.

Notre société présente tous les symptômes d'un néo-paganisme où fleurissent, comme dans l'Empire romain des premiers siècles de notre ère, certaines formes de stoïcisme et une multitude de sectes initiatiques et gnostiques. Celles-ci prétendent ouvrir les chemins de la connaissance de soi et de l'au-delà, échos modernes des anciennes « religions à mystère » gréco-romaines.

Mais, il ne suffit pas de dénoncer l'engouement de l'homme moderne pour la réincarnation, le développement des courants de pensées dans la mouvance du « Nouvel Age », le déclin de la foi en la résurrection... car leur formidable résonance à tous les échelons de la société manifeste qu'ils correspondent à une attente anxieuse de nos contemporains pour laquelle les religions instituées semblent mises hors jeu...

De plus, après celle l'an 1000, l'angoisse de l'an 2000 se dessine déjà à l'horizon avec son cortège de scénarios extravagants...

Pourquoi l'espérance chrétienne apparaît-elle, pour nos contemporains, si peu attrayante ? Un « au-delà » encombré et obscurci par des images secondaires — tel que l'Enfer — qui ne fonctionnent plus ? Des « représentations » culturellement décalées de type apocalyptique ou d'une « âme immortelle » qui attend, on ne sait où ni comment, de pouvoir récupérer son corps à la fin des temps ? Des formules officielles telle que « je crois en la résurrection de la chair » qui continuent d'employer des mots qui ont perdu leur signification initiale et qui finissent par ôter toute crédibilité au discours chrétien ?...

Il ne suffit pas de dire que telle ou telle « représentation » de l'au-delà est incompatible avec le christianisme. L'espérance chrétienne est-elle capable de prendre en compte de nouvelles perspectives culturelles et des aspirations propres à notre époque qui sont dignes d'être entendues : besoin de retrouver une certaine cohérence dans un monde éclaté, d'élargir ses potentialités humaines, de s'intégrer à l'aventure cosmique de l'univers en participant à l'Energie spirituelle qui l'anime, communier avec les morts et avec toute la création....

L'espérance chrétienne est-elle capable, sans perdre pour autant son centre de gravité : la figure du Christ ressuscité, de bousculer, de critiquer ces propres « représentations » de l'au-delà ? Si celles-ci sont toujours nécessaires, elles sont aussi relatives, et nous pouvons en recevoir d'autres, venues de la science qui a découvert la relativité du temps, l'univers à quatre dimensions... ou venues d'ailleurs et même de l'Orient.

Ce refus d'images-tabous peut être une chance de creuser toujours davantage, avec le discernement de l'Esprit, toutes les dimensions de notre fabuleuse espérance : l'unité du monde visible et invisible, la croissance de l'homme et son accomplissement au-delà de la rupture de la mort biologique, la création renouvelée de l'homme et de l'univers...

Un homme a fait l'aller-retour du voyage dans l'au-delà

Nous croyons que le Christ éclaire l'identité de l'homme, sa mort et sa vie dans l'au-delà, mais nous devons en témoigner aujourd'hui, dans une « culture » et des « représentations » renouvelées.

C'est pourquoi, dans la seconde partie de ce livre, nous tenterons de reprendre l'héritage de la tradition chrétienne fondée sur un événement insolite : un homme appelé Jésus, pour la première fois dans notre histoire, aurait fait l'aller-retour du voyage, serait sorti vivant de son tombeau !

Élucubrations de têtes orientales facilement échauffées ou révélation inouïe de Dieu lui-même ? Cette formidable nouvelle qui a nourri et continue de soutenir l'espérance de milliers d'hommes et de femmes, mérite qu'on s'y arrête. Car cette « résurrection » du Christ dont témoignent ses disciples est une grande « première » tout a fait originale : celle de la création renouvelée de l'homme qui dépasse une vague sur-vie, la simple immortalité de l'âme ou toute forme de réincarnation.

Naturellement ce « fait » inédit qui bouleverse nos conceptions sur l'homme, son histoire et son devenir, a posé et pose toujours d'énormes questions : quand, comment et où cette « résurrection » des hommes aura-t-elle lieu ? Concerne-t-elle tous les hommes et que deviendra notre bonne planète et l'ensemble de l'univers ? Chaque génération a réfléchi aux multiples implications de ce phénomène dit de « résurrection » et a tenté de le « comprendre » avec les mots et les images de sa culture.

Pas plus que nos ancêtres, nous ne sommes en mesure

d'apporter une « explication » exhaustive. Mais le monde change, l'univers mental et culturel de l'homme évolue ! Aussi, habités par la sensibilité culturelle et les attentes spécifiques de nos contemporains, nous devons sans doute abandonner quelques clichés désuets, oser de nouvelles approches, proposer des images et des mots nouveaux, sans trahir pour autant le fait insolite et lumineux de cette « révélation ».

Entre le silence total qui risque de rendre notre espérance inconsistante et les descriptions débridées, la seule voie possible est celle de l'évocation symbolique, sans jamais être dupes de nos « images » et en gardant un sens critique aiguisé par l'Evénement pascal du Christ. Seul le langage symbolique est porteur de sens, l'oublier serait tomber à nouveau dans des fantasmes absurdes et illusoires.

Le « quand » de cette « résurrection » recouvre toutes les interrogations sans cesse renaissantes sur la réalité et la date de la fin de notre monde matériel. A l'aube du deuxième millénaire cette question connaît inévitablement un regain d'intérêt.

Son « comment » est certainement le questionnement le plus profond. Comment l'homme, en son corps et en son âme, sans perdre son identité, peut-il passer du temps à l'éternité, de la condition mortelle à l'immortalité, d'un corps adapté à notre terre à un corps d'homme ressuscité ?

Le « où » est sans doute le plus encombré d'images du passé qui ont peut-être brouillé le message central du christianisme. Il nous faut retrouver le Dessein dynamique de l'Amour créateur, sa lente gestation au cœur de l'homme et du monde créé et son indicible accomplissement dans l'au-delà. Nous devons nous libérer des images naïves et parfois perverses du Purgatoire, de l'Enfer, sans perdre la réalité spirituelle qu'elles étaient initialement censées exprimer et qu'elles ont fini par occulter.

Enfin « qui » bénéficiera d'une vie éternelle ? Cette question n'est pas moins chargée de clichés largement alimentés par le vocabulaire des premiers écrits chrétiens eux-mêmes, les Jugements Derniers de nos cathédrales et toute une littérature pieuse qui se voulait édifiante. Au-delà de ces scénarios relatifs à une culture, que faut-il retenir du Jugement individuel et du Jugement final ?

J'avoue, qu'après avoir étudié ce que bien d'autres traditions religieuses et courants de pensées modernes disent de l'au-delà, je n'ai pas trouvé de présentations plus respectueuses de la transcendance de Dieu et de la dignité de l'homme que celles du christianisme, en dépit de ses dérives culturelles ou philosophiques au cours des siècles. Mais, il nous faudra sans doute remettre en lumière ou approfondir des pans entiers de l'espérance chrétienne que nous avons oubliés ou pas assez creusés.

Je crois que le Christ Seigneur est une immense et discrète Présence spirituelle, une source créatrice de renaissance dans l'Esprit, capable de combler et de dépasser toutes nos attentes humaines. Mais, baignant dans une culture en pleine mutation, j'ai ressenti le besoin de clarifier ma propre foi chrétienne en ce domaine, de vérifier, au-delà des mots et des images — qui sont et resteront des approches nécessaires mais relatives — si l'espérance chrétienne résiste et demeure encore capable d'éclairer le sens de ma vie.

Même si nous sommes entrés dans l'ère du Verseau censée marquer la fin de celle du Poisson et donc du Christ et du christianisme[2] !

2. Selon les courants ésotériques qui servent de toile de fond au Nouvel Age, l'ère cosmique (25 268 années) serait divisée en douze grandes périodes d'environ 2 000 ans chacune et placées chaque fois sous un des signes du Zodiaque. Or, après l'ère du Poisson, qui a correspondu à celle du christianisme, avec l'approche de l'an 2000, nous serions au seuil d'une ère nouvelle, sous le signe du Verseau, considérée comme un « âge d'or ».

I

La longue genèse d'une espérance

1

Des ténèbres infernales... au désir de sur-vivre dans les anciennes civilisations

L'homme a besoin de se « représenter » l'au-delà

Si un des premiers signes qui permet de situer l'émergence de l'homme dans la longue histoire de l'humanité est l'apparition des rites funéraires, n'est-ce pas justement parce que cet animal qui devient raisonnable sait « qu'il est plus qu'une bête ! » Tout rite funéraire, depuis la plus haute antiquité, manifeste une secrète et confuse espérance tapie au cœur de l'homme.

Et le fait que, dans les premières tombes de la préhistoire, on ait retrouvé les défunts dans la position accroupie — fœtale — était-il déjà l'indice que l'on considérait les morts comme appelés à renaître à une autre vie ?

Quoi qu'il en soit, dans les religions les plus anciennes, la mort semble bien peser sur l'homme comme une fatalité inéluctable, une décision arbitraire des dieux. On peut lire dans la grande épopée assyro-babylonienne : *Quand les dieux formèrent l'humanité, ils attribuèrent la mort à l'humanité, ils retinrent la vie en leurs mains* (*Épopée de Gilgamesh*, Xe Tablette).

Et dès les plus anciennes traditions écrites, on voit que l'homme, témoin et acteur des rites de l'ensevelissement, imagine tout naturellement un monde souterrain, inférieur, « infernal », un « pays sans retour » où le défunt est englouti. Ce n'est pas le néant absolu généralisé mais un pauvre reliquat de vie ! Primitivement les « Enfers » sont donc simplement la résidence des morts sans que soit attaché à ce terme une quelconque notion de châtiment divin pour des fautes commises antérieurement.

Puis, l'imagination de l'homme va projeter une partie de son propre univers dans ce monde inconnu et obscur qui l'obsède. De nombreuses religions ont leur fleuve-frontière, leur passeur et sa barque, leurs dieux ou déesses des « lieux infernaux ».

Chez les Babyloniens, les Égyptiens, les Hittites, cet univers souterrain va être doté d'une « topographie » particulière avec ses « parcours » obligatoires, ses portes, ses rivières, ses lacs et se peupler de monstres, cerbères, gardiens, aux formes les plus extravagantes, mi-animales et mi-humaines.

Néanmoins, corrigeant quelque peu ces perspectives un peu sombres, on constate que, dans de nombreuses cultures, ce séjour des morts n'est pas aussi uniforme qu'on pourrait le croire. Il varie en fonction soit de la dignité du défunt soit de la manière dont le défunt est décédé.

C'est ainsi que la conception de l'au-delà chez les Aztèques était d'une étonnante complexité. Les morts noyés, frappés de la foudre ou victimes de maladie considérée comme d'origine aquatique (hydropisie, lèpre) avaient droit à l'immense jardin verdoyant du « paradis des bienheureux » (Tlalocan) où régnait le dieu principal de leur panthéon (Tlaloc).

Par contre, les guerriers morts au combat ou sur la pierre du sacrifice, les marchands morts au cours de leurs lointaines expéditions, devenaient « compagnons du soleil ou de l'aigle » et formaient cortège autour du Soleil depuis son lever jusqu'au zénith ou en sens inverse pour les femmes mortes en couche, assimilées aux guerriers. Au bout de quatre ans, les uns et les autres se réincarnaient, sous forme de colibris par exemple.

On assiste donc, assez rapidement, à un élargissement de

perspectives. L'horizon figé du séjour souterrain s'entrouvre sur quelques brèches de lumière, sur un au-delà moins lugubre, des esquisses de « paradis » bienheureux possibles. Même si, chez les Aztèques par exemple, les autres défunts qui n'étaient « destinés » ni pour le paradis de Tlaloc ni pour le paradis céleste du Soleil, ne pouvaient échapper au monde obscur qui conduit aux Enfers.

Ces derniers, après incinération de leur corps, n'avaient pas le choix ! Ils devaient entreprendre leur pérégrination souterraine semée d'épreuves multiples et parcourue de monstres divers. Après un voyage de quatre ans qui comportait la traversée de neuf régions limitées par neuf fleuves à franchir, ils atteignaient le Neuvième Enfer, royaume du dieu Mictlantecuhtli, où ils étaient définitivement anéantis.

Cette « néantisation » sélective, bien qu'assez rare, la plupart du temps liée à la manière dont le défunt a vécu sur terre, se retrouve dans quelques civilisations.

Dans presque toutes les anciennes civilisations importantes, chez les Hittites, les Égyptiens et plus tard dans le monde hellénistique et romain impérial, on peut donc relever le fait que tous les hommes ne sont pas égaux devant la mort.

Nouvelle projection dans l'au-delà de l'homme qui espère toujours garder ses privilèges sociaux ou appartenir à une élite immortelle ! Les rois, les pharaons ou les empereurs se font « diviniser » afin d'échapper à la loi du commun des mortels et de participer ainsi à la vie des dieux. Ils se font construire des pyramides, de luxueuses mastabas, des temples funéraires chez les Égyptiens, des temples-tombeaux, des fosses entourées de cercles de pierre ou des tombes à coupole chez les Mycéniens...

Toutefois, avec l'affinement de la conscience humaine, on s'aperçoit que cette « divinisation » est de moins en moins automatique. Les « grands » eux-mêmes devront rendre compte devant la divinité des charges qui leur avaient été confiées. Il existait ainsi chez les Hittites de longs rites funéraires de purification qui devaient faciliter l'entrée du roi ou de la reine dans le monde céleste. Cette idée de « jugement » et de « rétribution » va connaître un développement considérable avec la civilisation de l'Égypte pharaonique.

Les derniers Mayas du Yucatan (Amérique centrale), eux croyaient plus simplement à un séjour des morts appelé Metnal. Monde souterrain et ténébreux où régnait un dieu malveillant et aux allures sinistres. Son crâne squelettique le faisait ressembler à nos représentations symboliques de la « Mort » avec sa faux.

On relève aussi, chez ces civilisations les plus anciennes, le devoir de rendre un culte funéraire (libations, offrandes) et la peur de « l'esprit du mort » qui peut venir importuner les vivants si le cadavre a été abandonné sans sépulture. La permanence de liens mystérieux entre le monde des vivants et celui des morts est une autre constance dans presque toutes les civilisations.

Chez les Hittites, si la plupart des défunts étaient aussi destinés à une survie misérable dans le monde infernal, présidé par Ereshkigal, cette triste condition était tempérée par l'espoir d'un retour périodique de l'esprit du défunt au sein de la famille dont il faisait partie comme les murs de la maison.

D'ailleurs dans l'antique tradition anatolienne, on avait coutume d'enterrer les défunts sous la pièce principale de la maison.

Les hommes vont aussi réfléchir sur leur propre identité qu'ils perçoivent comme différente de l'animal. Depuis le « *zi* » ou le « *gidim* » des Hittites jusqu'à l'« *anima* » des latins, ils ont presque toujours discerné dans le composé humain au moins deux éléments distincts dont l'un, aux contours parfois assez flous, plus ou moins spirituel, ne se dégrade pas et subsiste d'une manière ou d'une autre.

2

Le pays où l'homme est immortel
Anthropologie et croyances en la survie dans l'Égypte pharaonique

Une conception très subtile du composé humain

Comment les Égyptiens de l'époque pharaonique regardent-ils la mort ? Il semble bien qu'ils aient toujours cru en une « autre vie ». Alors qu'ils n'utilisaient que la brique crue pour leurs maisons terrestres, ils employèrent la pierre pour bâtir leur « maison d'éternité. » Ils ne nient pas la mort physique, mais refusent la mort comme anéantissement.

Pour chaque civilisation et pour chacun de nous, la manière d'envisager la mort dépend de notre conception de l'homme. Or l'idée que les Égyptiens se faisaient du composé humain est loin d'être simpliste ! Elle est même très complexe. Le rôle et les interférences mutuelles du corps et des différents principes spirituels sont si compliqués que les égyptologues en tirent parfois des interprétations forts diverses !

La première évidence remarquable qui s'impose c'est l'unité du composé humain : le corps et les différentes facultés spirituelles constituent un ensemble indissociable. Nous sommes aux antipodes de ce que sera le dualisme grec.

Le corps est le support matériel indispensable et doit donc

être préservé de toute dislocation après la mort, même si sa « forme » extérieure peut changer. Les « livres des morts » indiquent qu'au cours de son voyage dans les méandres souterrains de l'Au-delà, le défunt, pour éviter certains obstacles, sera amené à prendre le corps de divers animaux sans que sa personnalité se dissolve pour autant.

Pour un Égyptien, la destruction ou le démembrement du corps est un terrible châtiment. Sans ce support matériel fondamental, l'ensemble des éléments spirituels de l'homme est comme privé de réalité. Leur plus grande crainte ce n'est pas la première mort physique mais la « seconde mort », le retour au non-être, la néantisation.

Le corps étant le support indispensable à la vie, pour se préserver une survie dans l'être, il faut donc faire l'impossible pour conserver l'intégrité corporelle. Ce qui explique leur soin a ensevelir les cadavres enveloppés de peaux de bêtes dans le sable du désert et surtout les différentes techniques d'embaumement pour la momification. Cette attention au corps est d'autant plus remarquable que dans la plupart des autres civilisations, ce souci apparaît assez peu. Le défunt est la plupart du temps réduit à une ombre.

Malheureusement, même enfermé dans un sarcophage, le corps n'est jamais totalement à l'abri d'une destruction quelconque. Sans parler du drame des corps disparus, par noyade par exemple, ou de la précarité du corps des pauvres qui devaient se contenter d'une natte dans le sable après la mort.

Aussi pour lutter contre la néantisation, le non-être, l'Égyptien imaginera pour remplacer ce corps si fragile, d'autres supports dits de « substitution » : une statuette du défunt ou même une simple esquisse peinte ou gravée sur la pierre. Ainsi tout défunt, du pharaon au plus humble berger, qui figurait sur les représentations décoratives du tombeau possédait un « support », une image de substitution pour son corps et pouvait profiter des offrandes.

Nous n'analyserons pas en détail les différents principes spirituels qui composent la personne humaine selon l'anthropologie égyptienne, car cela nécessiterait un trop long et fastidieux développement. D'autant que nous n'avons pas, dans nos langues modernes, de mots correspondants pour traduire correctement les mots égytiens qui les désignent. Contentons-nous d'en énumérer quelques-uns pour faire pressentir la richesse de leur conception de l'homme.

Le *kâ*. Il serait, selon certains égyptologues, une sorte de « double », de reflet immatériel du défunt, pour d'autres il serait une réserve d'énergie vitale propre à tout être vivant et qui peut s'épuiser après la mort si elle n'est pas entretenue par des offrandes. Mais ce *kâ* spirituel ne se nourrit que de l'essence des aliments : des images ou des simulacres de nourriture lui suffisent donc ! Simulacre qui peut s'étendre à toutes choses : maisons, mobiliers, objets usuels, bijoux, œuvres d'art, livres, jeux de société, scènes de chasse et de pêche qu'il suffit de dessiner, de « représenter » pour que le défunt puisse retrouver l'environnement familier de sa vie terrestre.

Le *ba* (ou *baï*). Ce principe est représenté par un oiseau à tête humaine. On l'identifie parfois à ce que nous appelons « l'âme », bien que ces deux expressions ne se recouvrent pas tout à fait. Ce principe spirituel a la capacité de se mouvoir, de se déplacer dans la tombe. C'est lui qui vient humer l'essence des aliments, nécessaires au maintien de l'énergie vitale du *kâ*, offerts dans les tombeaux, ou de leurs « simulacres » peints sur les parois du tombeau.

Il faudrait encore parler d'autres principes spirituels invisibles : « l'Ombre », étrange forme noire qui ne quitte pas l'homme et qui évoque une idée de bien-être, de repos. Ou encore l'*Akh*, principe lumineux du composé humain capable de se « faire voir » aux vivants.

Toutes ces notions sont difficiles à cerner et leur contenu exact nous échappe. Ce qui est sûr c'est que l'Égyptien conçoit l'homme comme l'union harmonieuse du corps et de ces facultés spirituelles jamais considérées comme des entités séparables. L'homme, momifié, est une seule et même réalité qui possède des potentialités distinctes.

La légende osirienne : un dieu qui meurt et ressuscite

Si pour l'Égyptien, la survie dans l'au-delà ne faisait aucun doute, par contre la manière de l'envisager a évolué au cours des millénaires. Il y eut plusieurs conceptions qui, dès l'Ancien Empire, se sont succédé, juxtaposées puis ont fusionné.

Une des plus anciennes est une « doctrine céleste » qui situait l'au-delà dans l'univers stellaire *(Douat)* où les âmes des morts participaient à la vie éternelle des étoiles en s'identifiant avec elles.

Puis, apparut dès la VIe dynastie, la croyance au mythe d'Osiris. Pour comprendre ce mythe égyptien il nous faut brièvement évoquer la légende d'Osiris dont l'origine est obscure et qui tint une place considérable dans la conception de l'au-delà tout au long de la période pharaonique et dont le prestige fut aussi grand que celui du dieu suprême officiel, Amon-Rê.

Les théologiens d'Héliopolis vont d'ailleurs lui faire une place dans leur cosmogonie. Ainsi, Rê engendra le premier couple divin, Geb et Nout, la terre et le ciel, qui donnèrent naissance aux couples Osiris et Isis, Seth et Nepthtys, constituant ainsi la Grande Ennéade.

Bien que de nombreuses et diverses légendes sacrées circulèrent à son sujet, il faut attendre l'écrivain grec Plutarque (« Isis et Osiris » vers 100 ap. J.-C.) pour que l'histoire d'Osiris nous soit racontée en son entier.

Selon une vieille tradition égyptienne, une succession de dieux ont d'abord régné sur la terre. Leur temps accompli, ils retournèrent dans leur Olympe. Le dernier dieu régnant sur la terre fut Osiris, secondé par sa sœur et épouse Isis. Il combla les hommes de dons, en particulier celui de l'agriculture.

Mais sa générosité suscita la jalousie de son frère Seth qui le tua par traîtrise, découpa son cadavre et en jeta les morceaux dans le Nil. Emportés par le courant, ceux-ci aboutirent en divers points de l'Égypte où on érigea un tombeau du dieu (ce qui explique qu'il y en ait plusieurs).

Mais Isis, avec sa sœur Nephthys (femme de Seth) rechercha patiemment ces morceaux, reconstitua le corps de son époux et avec l'aide d'Anubis (dieu de l'embaumement) qui maintint tous ces morceaux avec des bandelettes de tissu — c'est l'origine mythique de la momification — lui rendit la vie.

Isis et Osiris eurent alors un fils, Horus, qui finira par tuer son oncle Seth et fut placé sur le trône d'Égypte en tant qu'héritier de son père Osiris. C'est pourquoi, chaque pharaon régnant fut considéré comme un Horus-vivant et à sa mort, il était assimilé à Osiris.

Cette légende populaire d'Osiris « mort et ressuscité » contribua à faire de lui le dieu des morts qui supplanta peu à peu plusieurs divinités locales funéraires. Il eut donc le privilège de régner en permanence sur le monde souterrain — en particulier sur une île bienheureuse, les « Champs de Ialou » (les Champs-Élysées des Grecs), jouissant d'un printemps perpétuel — alors que les autres dieux ne pouvaient qu'y passer, lors du voyage nocturne de la barque solaire du dieu Rê. Osiris devint aussi le dieu qui préside au jugement et au séjour des morts dans l'au-delà.

Dans plusieurs temples d'Égypte et principalement à Abydos, on célébrait chaque année des mystères relatant les épisodes de sa « passion » : son assassinat, son enterrement et sa résurrection. En outre, chaque Égyptien était tenu, au moins une fois dans sa vie, d'effectuer un voyage dans l'un des grands centres osiriens d'Égypte (Busiris, Abydos) qui s'enorgueillissait de posséder une parcelle du corps divin.

Sa noyade dans le Nil et sa résurrection finale lui conférèrent aussi un caractère agraire. Il deviendra le dieu de la végétation qui meurt et renaît chaque année après la crue du Nil recouvrant la terre pour la féconder.

Ce cycle de « mort-germination-vie nouvelle » était symbolisé, par exemple par la confection, au moment de la décrue du Nil, de petites figurines creuses représentant Osiris que l'on remplissait du limon du fleuve et dans lesquelles on semait des graines de blé qui, peu de temps après, se couvraient de végétation. On a retrouvé, dans les tombes, de nombreux exemplaires de ces petits « osiris végétants ». symboles de renaissance de la vie.

La destinée solaire : autre symbole du cycle « mort-résurrection »

Dès le début de l'Ancien Empire (vers 2600 av. J.-C.), s'impose aussi la doctrine solaire d'Héliopolis qui, à l'origine, ne visait que la seule survie du roi. Pour éviter le néant, le pharaon était identifié au soleil, le dieu Rê dont il était le fils divin. Selon les *Textes des pyramides*[1], la pyramide est conçue comme l'escalier qui permettait au roi défunt de gagner le ciel ou encore de recevoir les rayons de soleil qu'il pouvait remonter pour rejoindre le dieu Rê.

Il pouvait alors l'accompagner, du Levant au Couchant, dans sa barque solaire. Ce voyage céleste et souterrain, diurne et nocturne, était aussi un cycle symbolique de la mort-résurrection. La destinée solaire, réservée à la seule personne du roi, fut peu à peu étendue — sous forme de privilège qu'il accordait en tant que fils de Rê — d'abord à l'ensemble de la famille royale, puis aux grands fonctionnaires. Le signe sensible en fut l'octroi d'un tombeau dans l'enceinte de la nécropole royale.

Certains passages agressifs envers la doctrine osirienne seraient l'indice, qu'à l'origine, la tradition d'Héliopolis a tenté vainement de supplanter l'antique croyance du paradis d'Osiris. En fait, les *Textes des pyramides* juxtaposaient

1. On commence à trouver ces textes, à partir d'Ounas, le dernier roi de la Ve dynastie de l'Ancien Empire (vers 2320 av. J.-C.). Ces textes hiéroglyphiques gravés sur les murs des corridors et des chambres des petites pyramides de Saqquarah, se développent chez tous les rois de la VIe dynastie. Ce premier grand livre funéraire de l'Égypte ancienne — et, en fait de l'humanité — est une compilation de textes très divers dont certains remontent dans la nuit des temps. Listes d'offrandes, hymnes et formules magiques se mêlent aux légendes divines parmi lesquelles le mythe d'Osiris cohabite déjà avec la théologie héliopolitaine. Ces textes, sans aucun dessin, sont souvent difficiles à interpréter. Ils ne visent que l'immortalité du pharaon défunt qui est successivement identifié à Rê, à Osiris ou aux « indestructibles » (les étoiles circumpolaires).

(syncrétisme typique de la mentalité égyptienne) les deux doctrines, solaire et osirienne.

Des signes manifestent l'interpénétration des deux conceptions. Ainsi le roi devait, lui aussi, pour accéder à sa destinée solaire, subir un interrogatoire. Ce jugement devait peser ses actes : avait-il fait régner sur terre la justice de Rê ? Et le privilège royal d'être assimilé à Osiris s'étendit peu à peu à tout Égyptien même modeste. Chaque défunt devait paraître devant le tribunal du monde souterrain, présidé par Osiris (la « pesée des âmes ») pour devenir à son tour un « nouvel Osiris » vivant.

Cet amalgame des doctrines solaire et osirienne, à partir du début du Moyen-Empire (vers 2100 av. J.-C.) contribua à « démocratiser » encore davantage la conception de l'au-delà. Avec l'émiettement de la puissance royale à la fin de l'Ancien Empire, même la destinée solaire du roi et des grands tomba dans le droit commun. Quiconque avait les moyens de s'élever un tombeau à ses frais, avec les formulaires traditionnels appelés *Textes des sarcophages*[2], était censé partager le même destin solaire.

2. Ces recueils deviennent abondants au cours du Moyen Empire (entre 2000 et 1800 av. J.-C.). Ils sont écrits et peints en hiéroglyphes cursifs à l'intérieur des sarcophages en bois des particuliers, ou éventuellement copiés sur des papyri, les parois de tombes ou des éléments du mobilier funéraire.

Ces *Textes des sarcophages*, recueils très composites, forment un corpus de plus de mille chapitres, moins cohérents que celui des *Textes des pyramides*. Les formules sont introduites par un titre, qui n'a parfois plus rien à voir avec le contenu, et sont à l'occasion accompagnées de « figures ». Le plus souvent, les textes sont placés dans la bouche du défunt ou constituent des dialogues entre le mort et les dieux ou les génies infernaux.

Ces formules magiques sont d'origines diverses. Et si certains passages ont été empruntés aux anciens *Textes des pyramides*, beaucoup de formules sont originales. La plupart permettent d'éviter magiquement la faim, la soif, l'asphyxie, le travail, une seconde mort, les serpents... ou procurent l'intégrité du corps, l'aide des siens, la liberté de se mouvoir et de revêtir différentes formes. La littérature funéraire tend donc à devenir un livre de recettes magiques, où les besoins se font terriblement humains.

La complexité de la géographie de l'au-delà

Au Nouvel Empire (vers 1580), l'espérance de survie dans l'au-delà n'est plus un privilège. Les simples mortels vont disposer désormais, pour assurer leur vie future, de nouveaux textes, les *Livres des morts* que les Égyptiens appelaient *les Livres de Sortie au jour.*

Ils étaient écrits et illustrés à l'intérieur du cercueil ou sur les parois de la tombe, ou encore recopiés sur un rouleau de papyrus que l'on serrait dans les bandelettes des momies. Chacun, selon ses moyens, pouvait faire copier le texte intégral ou certains chapitres, y faire peindre des figures ou pas.

Ces *Livres des morts* étaient en fait des compilations hétéroclites reprenant de textes antérieurs (en particulier des chapitres des *Textes des sarcophages*). Le choix, le nombre, l'ordre et la longueur des formules varient d'un exemplaire à l'autre : on en connaît en tout un peu plus de deux cents (livre de l'Am-Douat, des Portes, de la Nuit, des Cavernes...) qui dépeignent les arcanes de la géographie souterraine.

Comme le voyage vers le monde mystérieux et multiforme de l'au-delà est semé d'embûches, de pièges, de démons, il était nécessaire pour le défunt d'avoir des indications sur la géographie de l'au-delà. Ce guide lui donnait une série d'hymnes adressés aux différentes divinités rencontrées, des formules magiques ou des incantations écrites destinées à éviter les pièges tendus par les mauvais génies ou à prendre la forme de tel ou tel animal, ou encore ce qu'il fallait savoir dire devant le tribunal d'Osiris pour en sortir victorieux et être admis dans la suite du dieu.

Mais il y avait bien d'autres chapitres dont les titres sont significatifs : éviter de travailler dans l'empire des morts, entrer dans l'Occident et en sortir, ne pas manger d'excréments et ne pas boire d'urine, respirer la brise et avoir de l'eau à volonté, prendre l'aspect d'un faucon d'or, obtenir le godet et la palette de scribe, amener l'âme au corps...

Le jugement ou « la pesée de l'âme » dans la salle d'Osiris

Mais le chapitre le plus célèbre de ces *Livres des morts* est celui de la pesée de l'âme ou « psychostasie ». On y représente l'âme (ou le cœur) posée dans un des plateaux d'une balance, devant Osiris. (Pour l'Égyptien, le cœur est le siège de la conscience et de la mémoire de l'homme.) Le meilleur moyen pour qu'il ne témoigne pas contre l'homme c'est encore d'être en harmonie avec les exigences morales dont témoignent les listes de ce livre.

Le poids sur l'autre plateau est une plume qui représente Maat, symbole de la Vérité, de la Justice. Si le cœur est aussi léger qu'une plume, c'est-à-dire que si la vie du défunt a été conforme à l'ordre universel, symbolisé par Maat, il pouvait accéder aux « Champs de Ialou » d'Osiris. Dans le cas contraire, le défunt était livrée à la « Grande mangeuse » qui était censée l'engloutir. C'est le dieu chacal Anubis qui dirige les opérations et le dieu savant Thot qui enregistre le jugement.

Le long commentaire de ce chapitre contient une énumération des fautes que le défunt se défend d'avoir commises. Confession négative : je n'ai pas fait ceci, je n'ai pas fait cela :

Je suis venu à toi, j'ai apporté Maat.
J'ai repoussé pour toi le mal.
Je n'ai pas porté la main sur l'homme d'humble condition.
Je n'ai pas fait pleurer.
Je n'ai causé de souffrances à personne.
Je n'ai pas ôté le lait à la bouche des petits enfants.
Je n'ai pas chassé le troupeau de son pâturage...

Parfois s'ajoute :

X n'a pas laissé aller sa langue.
X n'a pas rendu son visage sourd à une parole vraie.
Le cœur de X. n'a pas été hâtif.
Je n'ai pas transgressé ma nature.

Je n'ai pas méprisé le dieu.
Je n'ai pas enflé d'orgueil.

Quel sens faut-il donner à cette liste ? Est-ce l'expression d'une éthique élevée ou une grossière formule magique conçue pour échapper au jugement et obtenir une sentence favorable que le défunt ne mérite pas ? A ce propos, les opinions des égyptologues divergent.

Certains, comme François Daumas, estiment qu'il y a, sous ces formules négatives, la trace d'une vraie éthique de la vie. Ces listes nous feraient connaître les vertus les plus appréciées par les Égyptiens et les méfaits qu'ils réprouvaient le plus. Elles témoigneraient donc d'un vrai sens du « péché ».

D'autres, comme Pascal Vernus, pensent qu'il ne s'agit nullement d'un jugement moral du dieu transcendant pour ouvrir le paradis, mais plutôt d'une sorte de « sésame-ouvre-toi » pour tromper, envoûter la balance, truquer le jugement par la force des formules magiques. Ces égyptologues reprochent à François Daumas sa tendance à infléchir ces formules dans un sens chrétien. En définitive, je crois qu'il est difficile de refuser à ces hommes, qui professaient de tels principes moraux, tout effort de cohérence dans leur vie[3].

Tous les Égyptiens croyaient-ils à ces rites ou formules qui ont existé tout au long de la civilisation égyptienne ? Quelques textes laissent entendre que certains n'y croyaient pas trop. Mais, comme on n'est convaincu ni de leur efficacité ni de leur contraire, il est plus prudent de les adopter ! Par contre l'attitude de certains intellectuels est plus clairement sceptique. Après avoir souhaité de vivre avec le dieu soleil et Osiris, ils ajoutent : *Puisse mon nom être répété par les vivants et survivre au moins dans leur mémoire !*

3. Quelques égyptologues voient encore dans ces listes négatives une sorte de catalogue de fautes qu'on demandait aux adeptes de certains groupes d'initiés de ne pas commettre. Souvent on peut lire dans *le Livre des morts* que telle ou telle partie est aussi utile pour les vivants que pour les morts, sur la terre que dans l'au-delà. Il faut donc le lire chaque jour. D'autres, au contraire, estiment qu'il ne s'agit absolument pas de rituel d'initiation ésotérique puisqu'il en existait de multiples exemplaires jusqu'à la XXVIe dynastie.

Un ensemble disparate jamais totalement unifié

Ainsi, peu à peu, un compromis s'instaura entre les « représentations » de l'au-delà. Les « Champs d'Ialou », le royaume d'Osiris, dieu des morts, est définitivement placé dans le monde souterrain. Mais cette volonté d'unifier, en amalgamant plusieurs croyances, les idées relatives à l'au-delà, a certainement contribué à la complexité de la « représentation » de l'au-delà chez les Égyptiens et de la géographie d'outre-tombe.

Pour traverser les douze régions souterraines (correspondant aux douze régions d'Égypte), « l'âme » du défunt empruntait la barque solaire du dieu Rê qui, lui, aussi durant la nuit, dans sa barque nocturne, rend visite à Osiris. Dans la dernière région, le soleil se transformait en scarabée symbolisant la nouvelle naissance du jour.

Toutefois, bien que ces « différents paradis », solaire ou osirien, fussent agréables, les Égyptiens semblent paradoxalement ne jamais avoir renoncé au fait que l'âme puisse revenir à son « corps » dans le tombeau et à la conviction que les offrandes qu'on y déposait lui procuraient un renouveau d'énergie vitale.

Ainsi, une fois le « jugement osirien » accompli, l'âme était libre « d'entrer et de sortir » à son gré, c'est-à-dire de continuer sa vie auprès d'Osiris ou de regagner sa tombe. L'Égyptien estimait que le mieux était de revenir, pendant la journée, dans le tombeau qu'il avait préparé avec soin et pourvu d'offrandes pour l'éternité, selon la croyance la plus antique. Mais la nuit venue, avec ses embûches, il jugeait préférable de « rentrer » dans l'autre monde sans ténèbres. Une formule précise permettait au *Bâ*, principe mobile du défunt, d'arrêter au passage la barque du soleil qui disparaissait à l'horizon et d'y prendre place pour rejoindre les Champs lumineux d'Osiris où il passait la nuit.

Au matin, il franchissait de nouveau l'horizon dans la barque solaire et, aussitôt, « l'âme » (le *Bâ*) regagnait à tire-d'aile le gîte agréable et aimé de la maison-tombeau. Ainsi, tout en croyant au royaume d'Osiris, les Égyptiens pensaient aussi que le défunt était toujours présent dans son tombeau par l'intermédiaire de son support, corps momifié, statuette ou peinture.

3

De la tragique fatalité de la mort à l'immortalité de l'âme chez les Grecs

La tragique fatalité de la mort

L'*Iliade* et l'*Odyssée* d'Homère (vers le VIIIe siècle avant notre ère) ont forgé l'âme grecque et certainement une partie de notre inconscient culturel. Relevons brièvement ce qu'il nous dit à propos de la mort et de l'au-delà.

La race humaine est frappée d'une tragique malédiction : l'homme vieillit et meurt ! Il y a un abîme infranchissable entre le monde des dieux et celui des hommes. Le bonheur et l'immortalité des dieux sont inaccessibles pour ces misérables « fils de la glèbe » que nous sommes.

Si « l'âme » y est déjà mentionnée, elle n'est encore, chez Homère, qu'une sorte de souffle vital qui anime l'homme vivant et qui, une fois séparée de son corps, devient une ombre, une sorte de « double » *(eidôlon)* impalpable, vouée au séjour des morts, l'Hadès.

Ce double conserve des apparences corporelles mais il en diffère totalement Il faut même détruire le corps terrestre en le brûlant rituellement pour libérer ce souffle vital. Si les rites funéraires sont négligés, l'âme restera errante auprès du tombeau, malheureuse, mécontente, tourmentant les vivants et deviendra pour eux occasion d'épouvante.

Chez Homère et Hésiode, les Enfers ne sont pas situés sous la terre mais à l'extrémité du monde habité, au milieu des brouillards éternels qui s'élèvent de l'Océan. Mais plus tard, il fut plus couramment admis que le séjour de l'ombre des morts était le royaume souterrain des entrailles de la terre, lieu d'exil où il n'y a aucun espoir de revoir la lumière du jour.

Ce « lieu » était souvent considéré comme étant à égale distance du Tartare, symbole du fond de l'abîme et de l'Olympe situé au plus haut des cieux. Il n'était donc pas très éloigné de la terre, et il existait de nombreux passages entre les Enfers et la surface de la terre : antres, gouffres, fissures, lacs qui étaient des moyens d'accès au séjour des morts.

La survie au séjour des morts, telle qu'elle est décrite dans l'épopée d'Homère, n'est qu'une vie léthargique, un pâle et triste reflet de la vie terrestre que regrettent les « ombres », ces bien pauvres choses comme le constate Achille à qui est apparue l'âme de Patrocle : *Ah ! point de doute, un je ne sais quoi vit encore chez Hadès, une âme, une ombre mais où n'habite plus l'esprit.*

On comprend qu'Achille préférerait être *simple valet de bœufs plutôt que de régner sur les morts, sur tout ce peuple éteint*, dans ce morne royaume crépusculaire de l'Au-delà.

Cet Au-delà homérique, qui survivra longtemps dans la mentalité populaire grecque, n'engendre guère d'espoir pour une immortalité heureuse. Il est la plus pauvre expression possible du désir humain d'éternité, peut-être même est-il pire que le néant ! C'est pourquoi les héros de l'*Iliade*, tel Hector, attachent tant d'importance à ces succédanés d'immortalité que sont la postérité charnelle ou la gloire acquise au combat qui perpétuera leur nom dans la mémoire des hommes.

Chez Homère, la mort est celle qui « achève tout », celle qui plonge dans le « noir trépas des ténèbres ». Et le cri d'Achille : *Même être sans gloire, mais vivre, vivre !* exprime le tragique horizon de ces Grecs qui aimaient passionnément la vie et la lumière de leur ciel bleu. L'âme grecque sera constamment hantée par le problème de la mort.